Deutschböhmen
in alten Ansichtskarten

Herausgegeben von
Viktor Aschenbrenner

GONDROM

Umschlagmotiv: Kreuzbrunnen in Marienbad

Sonderausgabe für Gondrom Verlag GmbH & Co. KG, Bindlach 1994

ISBN 3-8112-1211-7

Vorwort

Der Name »Deutschböhmen« gehört der Vergangenheit an. Nach dem Ersten Weltkrieg, als die Tschechen ihren eigenen Staat errichten konnten, wurde er verboten und seine Verwendung strafrechtlich verfolgt. Die Namen »sudetendeutsch«, »Sudetenland« als Sammelbegriff für das gesamte deutsche Gebiet der ehemaligen Kronländer Böhmen – Mähren – Österreichisch-Schlesien traten an seine Stelle.
Der Name »Deutschböhmen« beschwört die Vergangenheit. Geschichte und Landschaft werden lebendig. Man erinnert sich, daß der tschechische Historiker F. Palacky 1848 beim österreichischen Reichstag in Kremsier zur Lösung der nationalen Frage den Vorschlag machte, verwaltungsmäßig Böhmen in ein Tschechisch-Böhmen und ein Deutsch-Böhmen zu teilen. Es ist nicht eindeutig festgestellt, wann der Name »Deutschböhmen« als Bezeichnung für das deutsch bewohnte Gebiet Böhmens zuerst gebraucht wurde. Als Bezeichnung für die deutsche Bevölkerung ist er alt. Der Humanist, Arzt und Naturforscher Georg Handsch von Limus, geboren 1529 zu Leipa (Böhm.-Leipa), gestorben nach 1578, nannte sich auf der Titelseite seiner Werke als »Germanicobohemus«.
Als Bezeichnung für das Land begegnen wir dem Namen »Deutschböhmen« 1684 in einem von Hornigk herausgegebenen Buch »Österreich über alles, wenn es nur will«. Es heißt dort: Und wenn in Böhmen »die Leute ebenfalls wenig von dem Fleiße zu entraten haben, so stehen herentgegen die Gebirge – Teutschböhmen – voll nahrhafter, grundarbeitsamer Leute«.
Bei den deutsch-tschechischen Auseinandersetzungen in der zweiten Hälfte des 19. Jahrhunderts fehlte es nicht an Bemühungen, die von Deutschen oder Tschechen bewohnten Gebiete verwaltungsmäßig nach Gerichtsbezirken zu trennen. Man sprach von Sprachkämpfen und Taferlpolitik, Vorgänge, die sich heute neuerdings in verschiedenen westeuropäischen Ländern abspielen. Verschiedene alte Ansichtskarten spiegeln dies wider, manchmal direkt, wie beispielsweise eine Karte von Eger zeigt (S. 30). Auch die künstlerischen Ansichtspostkarten, die die deutschen Schutzvereine, wie Deutscher Schulverein und Bund der Deutschen in Böhmen, herausgaben, verdeutlichen den sogenannten Volkstumskampf.
Im Brockhaus-Lexikon steht zu lesen, daß die älteste deutsche Ansichtspostkarte 1870 verwendet wurde, die einen Kanonier im Frankreichfeldzug zeigt. Seitdem nahm die Ansichtskartenherstellung einen ungeahnten Aufschwung. Die enge und rege Verbindung Deutschböhmens mit den Nachbarlandschaften des Deutschen Reiches führte zur Herstellung zahlreicher Ansichtskarten, die sowohl in Druckereien der land-

schaftlichen Mittelpunkte Deutschböhmens, als auch in den Ländern Bayern, Sachsen und Schlesien erfolgte. Die Entwicklung wurde durch den regen Touristenverkehr hinüber und herüber und den kleinen Grenzverkehr begünstigt, der sich vor dem Ersten Weltkrieg ohne Formalitäten und Ausweiskontrollen abwickelte. Böhmisches Bier einerseits und billige Tabakwaren andererseits reizten beiderseitig der Grenzen zu Ausflügen, zumal die Schönheiten der Landschaften besondere Anziehungspunkte bildeten.

Ein solcher war die Böhmisch-sächsische Schweiz mit ihren Sandsteinformationen: Prebischtor (S. 93) und Edmundsklamm waren besonders beliebte Ausflugsziele – ähnlich wie die Adersbacher und Wekelsdorfer Felsen (S. 24) in Ostböhmen. Nicht minder beliebt waren Fahrten zur Baumblüte ins Elbetal und ins böhmische Mittelgebirge. Ludwig Richters »Überfahrt am Schreckenstein« (S. 13) wie Caspar David Friedrichs »Böhmische Landschaft« oder die Bilder der beiden Maler aus dem Riesengebirge offenbarten den Nachklang der Romantik bis in unsere Tage.

Die Gebirgszüge Böhmerwald, Erzgebirge, Iser- und Riesengebirge und Adlergebirge, auf deren Höhen die Ländergrenzen verliefen, mit den Erhebungen Arber, Dreisselberg, Keilberg, Tafelfichte und Schneekoppe waren geradezu ein Ansichtskarten-Eldorado für die Touristen, wobei Farbgebung und Zeichnungen manchmal seltsame Blüten trieben, z. B. Sonnenaufgang auf der Schneekoppe (S. 45).

Realistischer zeigen sich die Ansichtskarten aus den deutschböhmischen Städten, die häufig vom Fortschrittsgeist erfüllt (Industrialisierung) und für die Rathäuser, Museen und Theater kennzeichnend sind, wobei Idylle und Lieblichkeit in den Hintergrund treten.

Die Theatergebäude von Aussig (S. 16) und Reichenberg (S. 78) erinnern daran, daß Deutschböhmen eine Theaterlandschaft ersten Ranges war mit den Neubauten von Eger, Franzensbad, Marienbad, Karlsbad, Brüx, Teplitz und Gablonz a.d.N., neben den alten historischen Spielstätten, die dem Thespiskarren Heimstatt boten.

Für ganz Deutschböhmen waren zwei Merkmale bezeichnend: die weiten Marktplätze und die großzügigen Schulbauten. Jede Stadt hatte zudem ihren Hausberg, oft mehrere, mit Aussichtstürmen und Gastwirtschaften bestückt. In Leipa gab es den Kahlenberg und den Spitzberg, einen Basaltkegel vulkanischen Ursprungs, von dem im Krieg 1866 ein Soldat aus Pommern sagte: »Wie komisch, mitten im flachen Land ein Berg« (S. 21). In meiner Heimatstadt wurde der untere Stadtteil alljährlich bis zur Regulierung vom Hochwasser des Polzenflusses überschwemmt, so daß die Häuser der zum Bahnhof führenden Töpfergasse nur mit Ruderkähnen oder auf Holzstegen (S. 22) erreicht werden konnten.

In Aussig war es die Ferdinandshöhe (S. 15), in Brüx der Schloßberg, in Bodenbach die Schäferwand (S. 92), in Warnsdorf der Burgsberg, in Karlsbad der etwas weiter entfernte Keilberg und in Reichenberg der Jeschken. Dieser besaß eine solche Anziehungskraft, daß manche fanatische Jeschkenbesucher – Jeschken-Titscher genannt – auch zweimal täglich den 1010 m hohen Berggipfel erstiegen; wer in einem Jahr hundertmal am Jeschken war, wo er sich bei jedem Besuch eintragen mußte, bekam ein Porzellantüpfel zur Anerkennung und Nachweis seiner Leistung. Die vom Berggipfel zum Tal führende Rodelbahn (S. 80) wird auch jetzt noch über die alte Trasse geführt, auf der die Fis-Rodelmeisterschaften ausgetragen werden; sie war 1916 schon mit einem elektrischen Zeitnehmer ausgestattet.

In Reichenberg hatte der Industrielle Liebig einen ganzen Stadtteil mit Siedlungshäusern für seine Angestellten errichtet und ein dort erbautes Gasthaus zur Erinnerung an seinen Geburtsort »Zur Stadt Braunau« benannt (S. 79). Der Volkssänger Grasmuck residierte dort als Wirt. Phantasie, ein Hang zum Skurrilen, Absonderlichen führten zu seltsamen Unternehmen, wie einem Gasthausbau in Form eines Riesenfasses am Jaberlich (S. 81), das ein Gegenstück im Isergebirge bei Bad Liebwerda hatte. Die Stolpich-Schlucht dort soll Carl Maria von Weber Anregung für die Wolfsschlucht in seiner Oper »Der Freischütz« gegeben haben. Auch im Böhmerwald, wo Fürst Schwarzenberg ein Stück Natur unberührt zum Urwald wachsen ließ, wird ähnliches berichtet. Unbestritten ist, daß Weber im Isergebirge weilte und die Tafelfichte bestieg. Im nahen Friedland (S. 38) erinnert das Schloß an den Feldherrn des 30jährigen Krieges Wallenstein, der zum Herzog von Friedland erhoben wurde. Die Schloß-Galerie (S. 39) erinnert ebenso daran, wie die Wallenstein-Festzüge und -Spiele in Eger (S. 33) in Böhm.-Leipa, wo man 1905 (Schillerjahr) der Gründung des Klosters und Gymnasiums durch Wallenstein (1627) gedachte.

Historische und kulturell interessante Stätten finden sich in ganz Deutschböhmen, das sich vom Schönhengstgau (Landskron) über das Adler-, Riesen-, Iser- und Erzgebirge, über den Böhmerwald bis Ober-Österreich in einer Länge von mehr als 700 km erstreckte. In Südböhmen war es das malerische Krummau a. d. Moldau (S. 61), in Adalbert Stifters Heimat gelegen, das für die Verfilmung des Romanes »Die andere Seite« von Alfred Kubin als »Die Traumstadt« diente. Im Böhmerwald findet sich auch das holzverarbeitende Wallern mit alpinen Häusern, Prachatitz, an dem alten Handelsweg »Der goldene Steig«, und Winterberg, wo die Druckerei Steinbrenner Kalender und Gebetbücher in unzähligen Sprachen herstellte. Die bedeutendste Stadt Südböhmens war Budweis (S. 29) mit dem größten Marktplatz (200 x 300 m), typisch für die Besiedlung aus wilder Wurzel. Waren die Städte in west- und mitteldeutschem Gebiet eng geworden, so konnte man sich bei der Ostsiedlung weiträumig entfalten. Die Kirchen befanden sich nahe dem Markt, etwas abseits, da ja um die Kirche die Beerdigungsstätten, die Friedhöfe, angelegt waren. Manche Stadt wurde auf königlichem Grund angelegt, viele hatten kirchliche oder weltliche Grundherren, manche Anlage erwies sich aber auch als Fehlspekulation, so daß es zur Verlegung der Stadtrechte kam, wie in Bösig (S. 27) unter der alten Königsburg, das diese Rechte an Weißwasser abgeben mußte.

In dieser Zusammenstellung deutschböhmischer Ansichtskarten gibt es keine Ansicht, die der Verfasser nicht aus eigener Anschauung kennt. Schmerzlich war es, auf vieles verzichten zu müssen, was auch enthalten sein sollte. Entweder war es nicht gelungen, eine alte Ansichtskarte (bis zum Ersten Weltkrieg) zu bekommen, oder es standen technische Schwierigkeiten einer einwandfreien Wiedergabe im Wege. Um ein rasches Auffinden der einzelnen Orte und Landschaften zu ermöglichen, wurde das Bildverzeichnis in alphabetischer Reihenfolge erstellt. Um aber die Landschaft nicht allzu sehr zu zerreißen, wurden die Anordnungen alphabetisch nach Gerichtsbezirken getroffen. Für ganz Deutschböhmen waren die Karls-Universität und die Deutsche technische Hochschule in Prag in der Hauptsache akademische Studienstätten, wenn auch nicht wenige in der Hauptstadt Österreichs, in Wien, ihren Studien oblagen, manche auch an den Hochschulen des Deutschen Reiches. Eine alte Ansichtskarte von Prag soll an die Rolle dieser Stadt als Sitz der deutschen Kaiser im Spätmittelalter und als geistiger Mittelpunkt späterer Jahrhunderte für Deutschböhmen erinnern. Im Zusammenhang damit sei an das Ansichtskartenalbum »Prag«, herausgegeben von Ludmila Swoboda, im gleichen Verlag verwiesen (S. 95).

Alte Ansichtskarten Deutschböhmens, das ist eine Reise in die Vergangenheit, das ist ein Rückblick auf Werden und Wachsen. Es ist eine Dokumentation des Wesens der Geschichte, zusammengefaßt in zwei Worte: Arbeit und Leistung.

Asch, Bezirksstadt im westlichsten Böhmen, an der Bahnstrecke Hof-Eger gelegen, Industriestadt mit zahlreichen Textilfabriken (Wirkwarenerzeugung). 1872 zur Stadt erhoben.

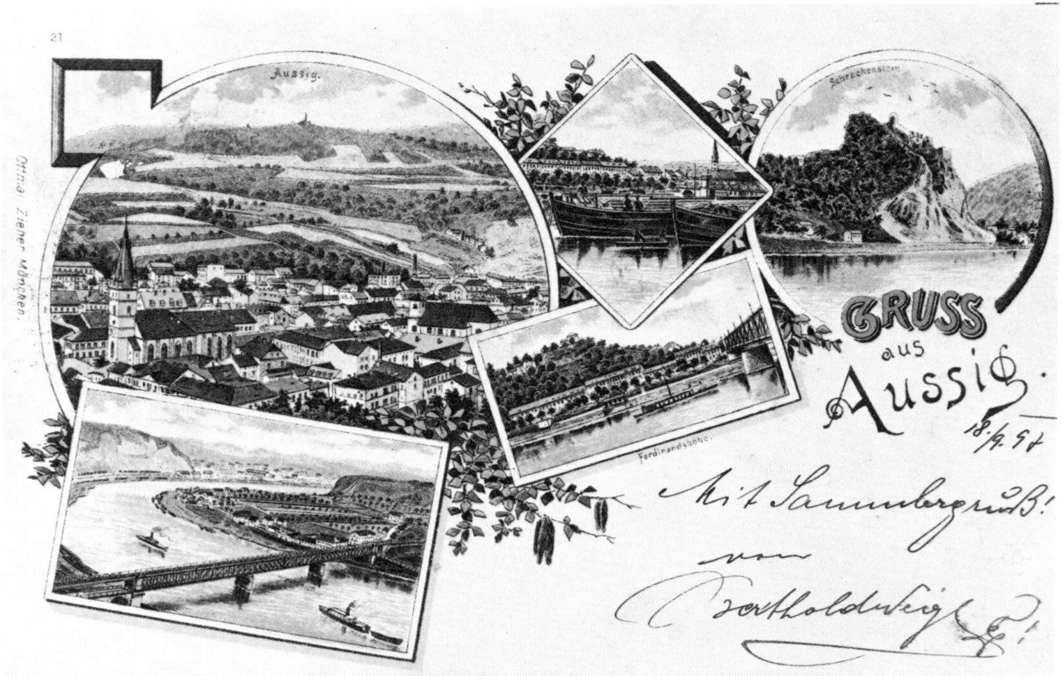

Aussig, großer alter Industrie- und Handelsplatz. Der Güterumschlag auf die Frachtkähne (Zillen) übertraf in Österreich-Ungarn den Adriahafen Triest. (Postkarte von 1898).

Schreckenstein. Gegenüber der Stadt Aussig lag am rechten Elbufer die alte Raubritterburg. Hier entwarf Richard Wagner wesentliche Teile seiner Oper »Tannhäuser«. Ludwig Richter malte die romantische »Überfahrt am Schreckenstein«.

Kaiser Josef Denkmal in Aussig. Dem Sozialreformer Josef II. gewidmet. Das Denkmal wurde nach dem Ersten Weltkrieg von den Tschechen (wie in den meisten deutschböhmischen Städten) beseitigt.

Ferdinandshöhe. Die Ferdinandshöhe war eine beliebte Ausflugsstätte für die Bewohner der Stadt Aussig. Am Elbufer sind die ausgedehnten Verladeanlagen von der Eisenbahn auf die Elbzillen zu sehen.

Stadttheater in Aussig. Erbaut von der Wiener Architektenfirma Helmer und Fellner, die viele Theaterbauten in Österreich, Ungarn und Deutschland durchführte. Das Aussiger Theater war für zahlreiche Bühnenkünstler ein Sprungbrett nach Prag, Wien und Berlin.

Salesel. Viel besuchte Sommerfrische und Ausflugsziel der Aussiger im Elbetal im böhmischen Mittelgebirge. (Ansichtskarte von 1906).

Kulm bei Aussig-Teplitz, am Fuße des Erzgebirges. Die Denkmale erinnern an die sogenannte Dreikaiserschlacht im Jahre 1813, in der Österreich, Rußland und Preußen die Franzosen unter Napoleon besiegten.

Bischofteinitz. Bezirksstadt im nördlichsten Böhmerwald. Gesamtansicht mit Marktplatz und Schloß aus dem Jahre 1898. Im 12. Jahrhundert erstmals erwähnt, von Kaiser Karl IV. 1351 zur Stadt erhoben.

Bilin. Bezirksstadt mit Sauerbrunnen-Kuranlage. Im Hintergrund der Berg Borschen mit alpiner Vegetation, der schon Goethe zum Zeichnen anregte. (Karte von 1899).

Böhm.-Leipa. Bezirks- und Schulstadt, (Gymnasium seit 1627), sechs Eisenbahnlinien. Ansichtskarte von 1899 mit Marktplatz und den Ausflugsstätten Kahlenberg und Spitzenberg.

Böhm.-Leipa, Hochwasser in der Töpfergasse. Der Polzenfluß überschwemmte jedes Jahr bis zur Regulierung vor dem Ersten Weltkrieg, den unteren Stadtbezirk, so daß die Häuser nur auf Notstegen oder mit Booten erreichbar waren.

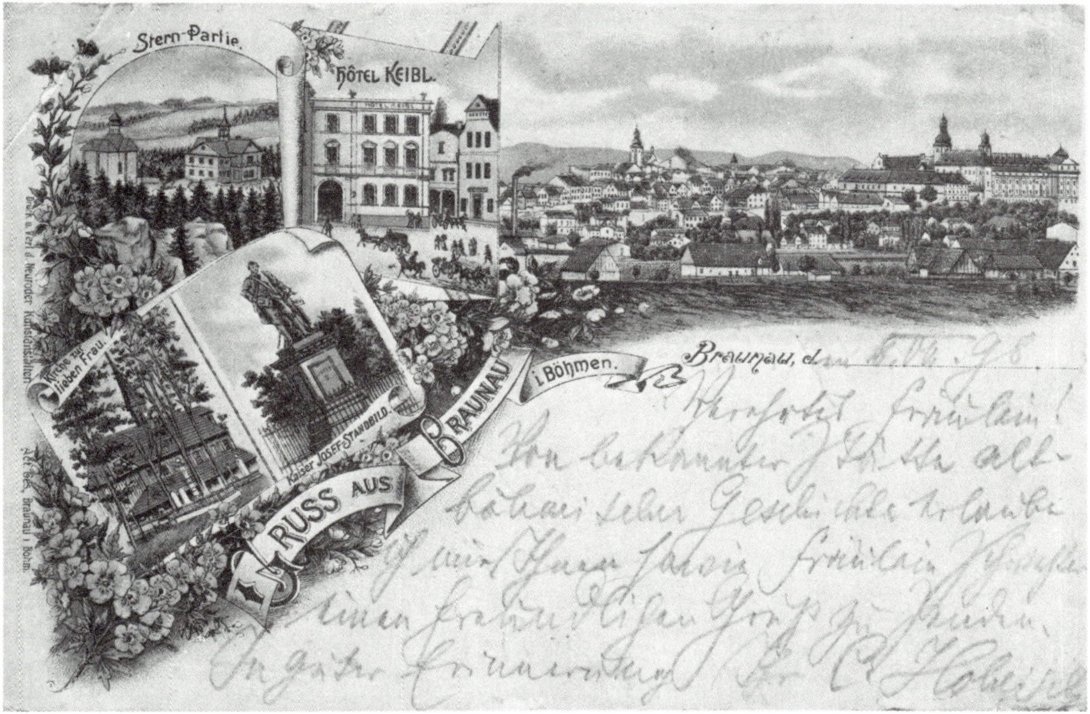

Braunau. Bezirksstadt in Ostböhmen, bekannt durch seine Textilindustrie und das alte Benediktinerkloster mit Gymnasium. Eine Gründung der Benediktiner unter König Ottokar I. Von Karl IV. erhielt Braunau Magdeburger Stadtrecht.

Die Felsen von Adersbach und Wekelsdorf in der Nähe von Braunau in Ostböhmen waren wegen ihrer grotesken Sandsteinfelsgebilde so berühmt, daß sie schon Goethe, als er in Schlesien weilte, besuchte.

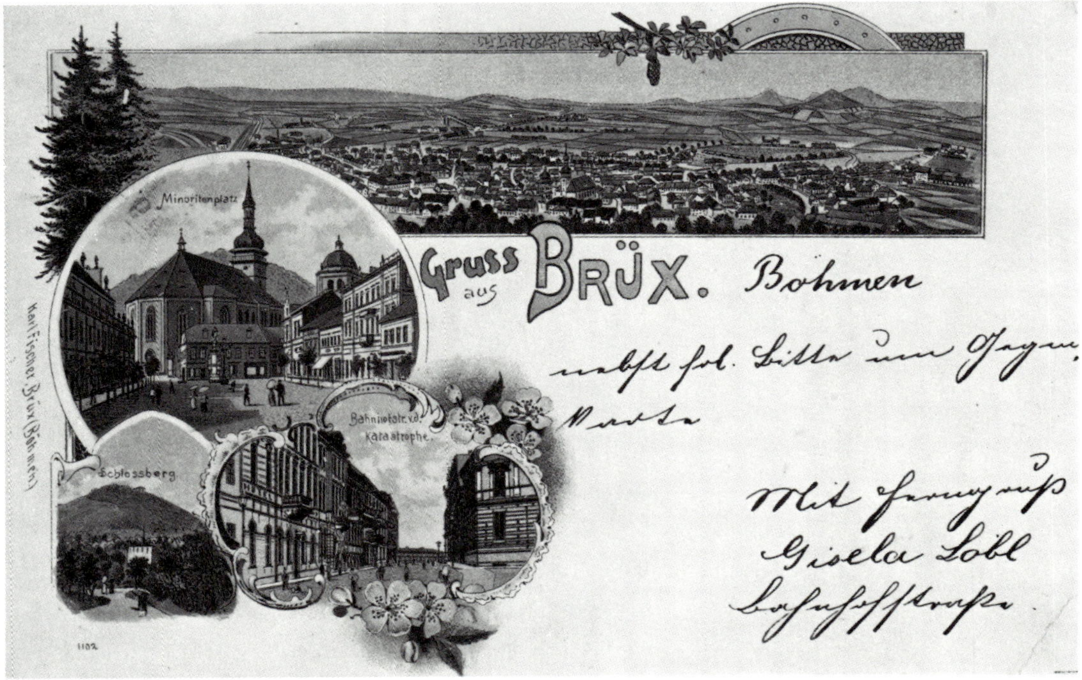

Brüx. Bezirksstadt, Hauptort des Brüx-Duxer Kohlenreviers (Braunkohle). Berühmt durch seine – jetzt verlegte – gotische Kirche. Stadtrechtsverleihung wird für 1253 angesetzt. (Ansichtskarte von 1898).

Brüx. Die Stadt Brüx hatte drei Plätze. Sie widerstand 1421 dem Ansturm der Hussiten. Zur Erinnerung begingen die Brüxer alljährlich das Maria-Schnee-Fest.

Burg Bösig. Südlich von Böhm.-Leipa an der deutsch-tschechischen Sprachgrenze lag die Burg Bösig, in der nach dem Tode Ottokars II. seine Witwe Kunigunde und der spätere König Wenzel II. gefangengehalten wurden. Bösig wurde Wallfahrtsort und sollte nach dem Vorbild Montserrat ausgebaut werden.

Dux, Bezirksstadt, umgeben von Schächten und Tagbauanlagen mit Stadtkirche und Waldsteinschloß. In diesem Schloß weilte längere Zeit der ebenso berühmte wie berüchtigte Casanova als Bibliothekar.

Budweis. Eine Gründung König Ottokars II. (1265) an der Salzstraße, Mittelpunkt einer deutschen Sprachinsel. Der Marktplatz maß 200 x 300 Meter. Graphitvorkommen führten zur Bleistifterzeugung. Von hier aus ging eine Pferdeeisenbahn nach Linz.

Eger. Gesamtansicht. Die Aufschrift »Treu deutschen Gruß aus Eger« erinnert an die nationalen Auseinandersetzungen und die großdeutsche Bewegung. Das Egerland wurde 1322 an Böhmen verpfändet.

Eger, Ausmarsch ins Feld im Jahre 1915. Die Egerländer hatten im Ersten Weltkrieg verhältnismäßig die höchsten Kriegsverluste Österreich-Ungarns.

Eger, Reichsstadt mit Kaiserpfalz, war Hauptort des Egerlandes. Der Marktplatz mit dem Stöckel (Ansicht von 1913) war wegen seiner alten Bürgerhäuser berühmt.

Einzug Wallensteins. In Eger, wo Wallenstein 1632 ermordet wurde, hat man wiederholt seiner und des Dichters Friedrich Schiller gedacht. Zur Erinnerung wurden Festzüge und Festspiele veranstaltet.

Markt Eisenstein, Bezirksstadt im Böhmerwald an der bayerischen Grenze. Die Kirche auf achteckigem Grundriß mit schindelgedeckter, zwiebelförmiger Kuppel war eine Besonderheit. – Urwaldpartie im Böhmerwald.

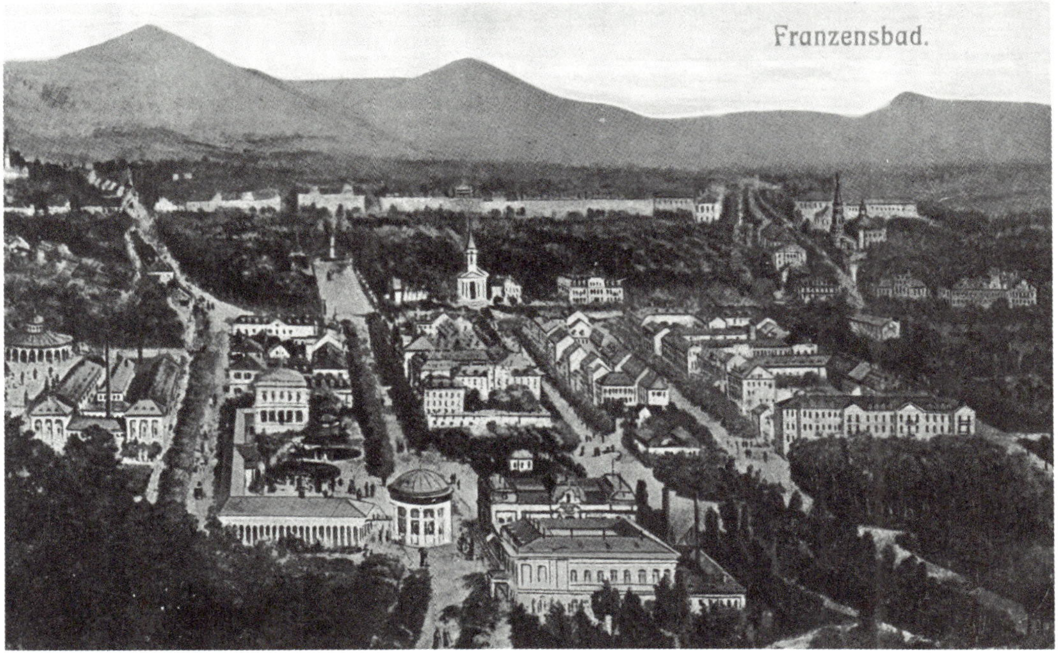

Franzensbad bei Eger. Das alte Franzensbrunn, wie es Goethe nannte, war ein berühmtes Herz-, Heil- und Moorbad für Frauen. (Karte von 1910). Es gehörte ursprünglich zu Eger, wurde 1852 selbständige Gemeinde und 1865 Stadt.

Kurkonzert in Franzensbad. Der Kurort besaß ein eigenes Stadttheater. Die Kuranlage wurde Ende des 18. Jahrhunderts errichtet, das Mineralwasser wurde schon im 16. Jahrhundert für Trinkkuren gebraucht. (Ansichtskarte von 1914).

Falkenau a. d. Eger, Bezirksstadt, Sitz zahlreicher Industrien, die ebenso, wie der Kohlenbergbau, die früheren Hopfenkulturen verdrängt haben. Die Pfarrei ist bereits für das Jahr 1290 bezeugt.

Friedland in Böhmen. Im nördlichsten Zipfel Böhmens liegt die Bezirksstadt Friedland, nach der Wallenstein sich Herzog von Friedland nannte. Die Karte (1895) zeigt die Gesamtansicht, das Schloß und das Rathaus.

Schloß Friedland, nach der Ächtung Wallensteins im Besitz der Grafen Clam Gallas, (Karte von 1911). Vor Wallenstein im Besitz der Familie Redern. Das Schloß enthielt ein wertvolles Archiv sowie eine Porträtsammlung.

Gablonz a. d. Neiße, Mittelpunkt einer weitverzweigten Glasmacher-, Heim- und Export-Industrie, nahm erst in jüngster Zeit auch städtebaulich großen Aufschwung. Die Ansichtskarte (1909) zeigt noch den alten Markt, auf dem später das neue Rathaus erbaut wurde. Nach der Vertreibung wurden in Neu-Gablonz (Kaufbeuren) die alten Traditionen fortgesetzt.

Tannwald bei Gablonz, am Südrand des Isergebirges, war ein bekannter Industrieort und Ausgangspunkt einer Eisenbahn (teilweise Zahnradbahn), die nach Schlesien führte. (Karte von 1900). Der Ort wurde 1600 angelegt und 1905 zur Stadt erhoben.

Graslitz, Bezirksstadt im westböhmischen Erzgebirge. Neben Schönbach Hauptsitz der Musikinstrumentenerzeugung. 1720 wurde Graslitz von Kaiser Karl IV. mit Elbogener Stadtrecht ausgestattet, 1701 erhielt es die Privilegien einer Bergstadt.

Grulich war Bezirksstadt für das Adlergebirge. Als Sommerfrische und Handelsplatz war Rokitnitz bekannt und beliebt. Hier waren die Handweberei und die Spanschachtelerzeugung beheimatet. Rokitnitz wird 1263 erstmalig urkundlich erwähnt. (Karte von 1914).

ARNAU a. E. — Marktplatz.

Arnau bei Hohenelbe. Im Vorland des Riesengebirges war Arnau durch Papierindustrie bekannt geworden. Der Rathausturm wurde, auf eine alte Volkssage zurückgehend, mit zwei Riesen geschmückt, der Markt war von Laubenhäusern umgeben.

Schneekoppe im Riesengebirge bei Sonnenaufgang. Die Schneekoppe war mit 1605 Metern Seehöhe die höchste Erhebung des Riesengebirges. Ein hier erlebter Sonnenaufgang wurde von Goethe dichterisch verklärt.

Schneekoppe im Riesengebirge mit Wetterwarte. Über den Kamm und die Koppe lief die böhmisch-schlesische Grenze. Am Fuß der Koppe wurde die Riesenbaude errichtet.

Schneekoppe mit Jubiläumsweg, der einen bequemen Aufstieg ermöglichte und das Vorhandensein zweier Staatsgrenzen vergessen ließ.

Elbquelle. Oberhalb von Hohenelbe entspringt der Elbstrom, der alle Wasser Böhmens zur Nordsee führt. Ein vielbesuchtes Touristenziel, unterhalb der Elbfall bei der Elbfallbaude.

Kaaden, Bezirksstadt a. d. Eger, an einer alten Handelsstraße nach Prag gelegen, erhielt im 14. Jahrhundert durch ihre Privilegien größere Bedeutung. Die Pfarrkirche ist bereits 1183 nachweisbar.

Kaaden. Markt mit Dreifaltigkeitssäule und Rathausturm erinnern an die geschichtliche Vergangenheit der in jüngster Zeit leidgeprüften Stadt.

Hirschensprung bei Karlsbad. Ein Wahrzeichen von Karlsbad an die Entdeckung der warmen Quellen erinnernd.

Karlsbad, Mühlbrunnkolonnade. Der Mühlbrunnen war eine der heilkräftigsten 16 Quellen des zum Weltbad gewordenen Kurortes, die für Magen-, Leber- und Gallenkranke wirksam waren.

Karlsbad, Sprudelhalle mit Kolonnade, im Hintergrund die von Dientzenhofer erbaute Stadtkirche. Stadtrechte erhielt Karlsbad von Kaiser Karl IV. 1370. (Ansichtskarte von 1904).

Karlsbad, Sprudelhalle mit Brunnenmädchen (Karte aus dem Jahre 1912) in ihrer Schutzkleidung und dem Aufsichtsbeamten mit der für Österreich typischen Uniformmütze. Der kalksteinhaltige Sprudel hatte eine Temperatur von 73 Grad.

Karlsbad, Alte Wiese. Die bekannte Kurpromenade, an die sich viele kulturgeschichtlich interessante Begegnungen bedeutender Staatsmänner, Gelehrter und Künstler knüpfen. (Karte von 1900).

Elbogen, Bezirksstadt, von der Eger umflossen und mit einer alten Burganlage bot mit seiner Kettenbrücke (später ersetzt) ein romantisches Bild. Alte Porzellanindustrie.

Komotau war eine bedeutende Industriestadt, ursprünglich nur ein kleines Dorf, das dem Deutschen Ritterorden geschenkt wurde, der hier eine Kommende errichtete.

Komotau, Marktplatz mit Stadtturm. Die nahen Kohlenlager ließen hier eine bedeutende Eisen-, Elektro- und chemische Industrie entstehen.

Komotau, Parksäle. Ein Zentrum für das rege kulturelle und gesellschaftliche Leben dieser Industriestadt, die auch als Eisenbahnknotenpunkt Bedeutung erlangt hat. In Komotau wurde Franz Ritter von Gerstner geboren.

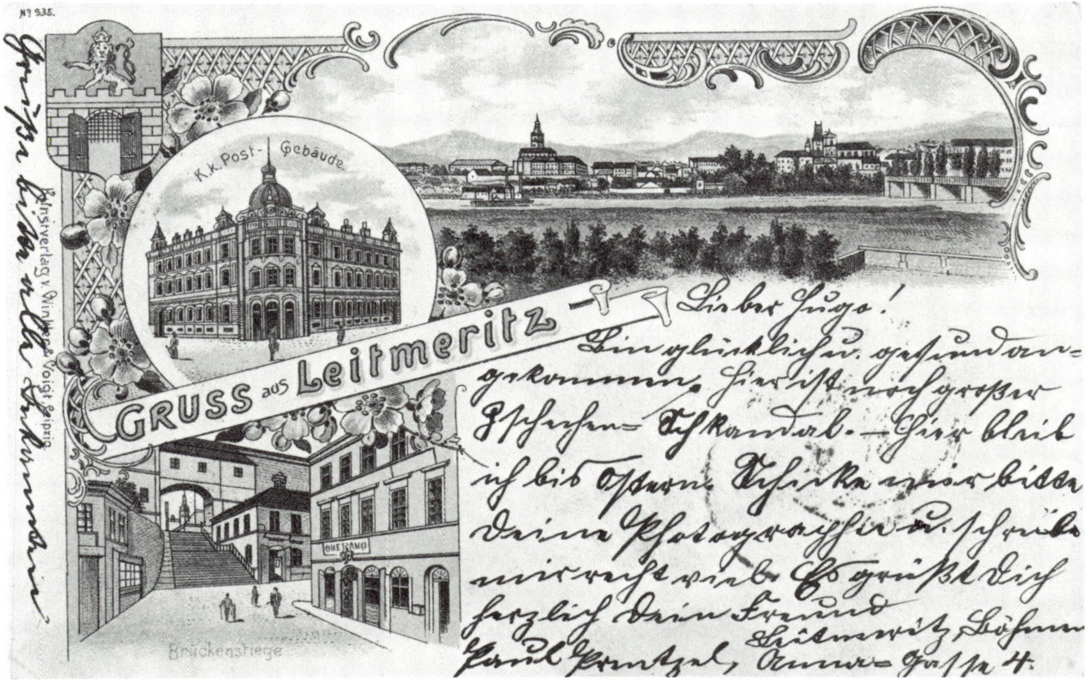

Leitmeritz, alte Kreisstadt an der Elbe gelegen, gegenüber der Festung Theresienstadt, hatte als Bischofssitz und als Garnisonstadt besondere Bedeutung (die Ansichtskarte stammt aus der Zeit zwischen 1890 und 1900).

Leitmeritz, Markt. Leitmeritz mit Magdeburger Stadtrecht ausgestattet, war eine zeitlang Oberhof. Rathaus, Stadtkirche und Salzhaus sind, wie die Weite des Marktplatzes, bemerkenswert.

Krummau. An der Moldau im südlichsten Böhmerwald liegt die Stadt Krummau (Böhm.-Krumau), überragt vom Schwarzenberg-Schloß. Zu den Sehenswürdigkeiten der Stadt gehört das alte barocke Schloßtheater.

Auscha, Hopfenpflücker. Nordöstlich von Leitmeritz bei Auscha-Dauba und südlich auf der Polepper Platte waren größere Hopfenanbaugebiete, die zur Aberntung viele Helfer aus den nordböhmischen Städten anlockten. (Karte von 1907).

Marienbad (Ansichtskarte von 1897). Die gegen Dickleibigkeit wirksame Kur erhielt durch Abt Reitenberger vom Stift Tepl, wozu Marienbad gehörte, großen Auftrieb. Seit 1812 eigene Gemeinde, seit 1865 Stadt.

Marienbad, Kreuzbrunnen (Ansichtskarte ca. 1900). Ähnlich wie Karlsbad war das von grünen Wäldern umschlossene Marienbad bevorzugtes Bad der Fürsten und Reichen, vor allem auch aus Rußland und England.

Marienbad, Kreuzbrunnen-Colonnade, (Ansichtskarte ca. 1906). Goethe war von dem aufstrebenden Badeort sehr beeindruckt, seine Begegnung mit Ulrike von Levetzow fand Niederschlag in der Marienbader Elegie.

Marienbad. Im Innern des Kreuzbrunnens füllten die sauber gekleideten Brunnenfrauen die Gläser der Kurgäste mit dem heilsamen Mineralwasser, das schluckweise in den Wandelgängen getrunken wurde.

Plan bei Marienbad. Das kleine Städtchen entwickelte sich aus einer Siedlung, für die dem Zisterzienserkloster Waldsassen (1251) Patronatsrechte übertragen wurden. Das Schloß war zuletzt im Besitz der Familie von Nostitz-Rienek.

Stift Tepl bei Marienbad wurde 1193 von Prämonstratenser-Mönchen gegründet. Die dreischiffige romanische Hallenkirche wurde 1232 eingeweiht. Das Kloster hatte in 84 Gemeinden Besitzungen und war durch eine Bibliothek mit Wiegendrucken berühmt.

Neudek, Bezirksstadt, war ursprünglich eine Bergstadt. In den Zwanziger Jahren wurde das Eisenwerk Neudek-Rothau stillgelegt; eine Wollkammgarnspinnerei war bemerkenswert. Neudek erhielt erst 1602 Stadtrecht. (Ansichtskarte von 1921).

Abertham am Fuße des Pleßbergs (1027 m Seehöhe) wurde 1529 von Bergleuten gegründet. Nach dem Erlöschen des Zinn- und Silberbergbaues waren Blechwarenherstellung, Spitzenklöppelei und vor allem die Handschuhmacherei die Erwerbsquellen für diese Erzgebirgssiedlung. (Karte von 1913).

Platten bei Neudeck wurde 1632 von Sachsen aus angelegt, 1533 mit Bergrecht ausgestattet und 1547 Böhmen einverleibt. In der Gegenreformationszeit gründeten Auswanderer aus Platten Johann-Georgen-Stadt in Sachsen.

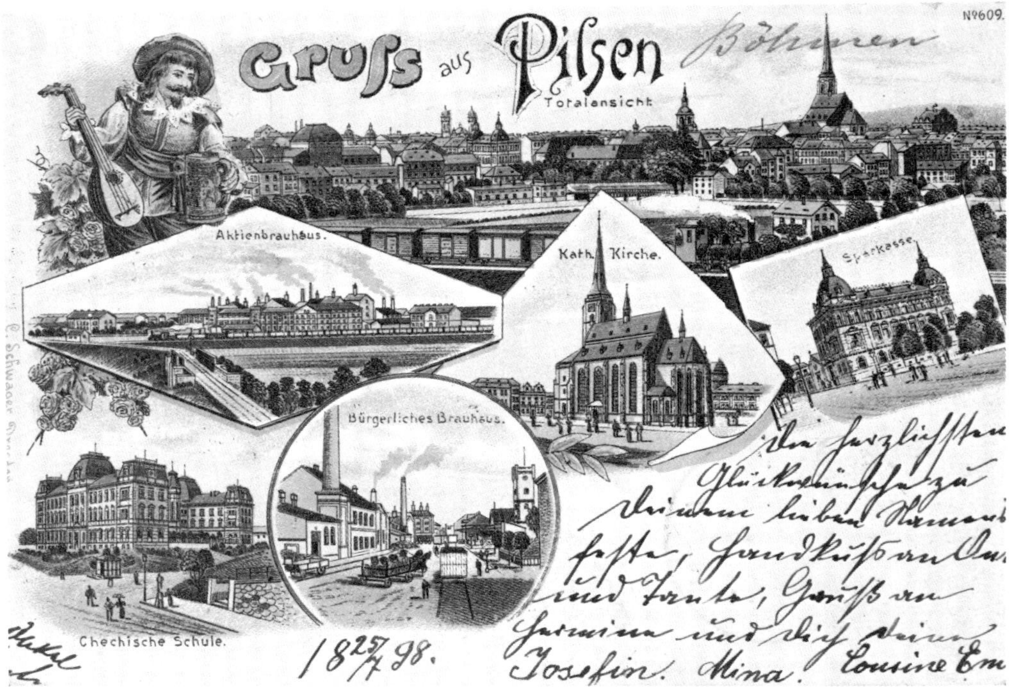

Pilsen. Die alte Siedlung wurde 1295 unter König Wenzel II. von deutschen Siedlern angelegt. Die Bierbrauerei wurde von dem bayerischen Braumeister Josef Groll begründet. (Ansichtskarte von 1898).

Prachatitz, Rathaus und Stadtkirche. Die alte, am Goldenen Steig (Salzstraße) gelegene Handelsstadt, erhielt 1323 Stadtrecht.

Wallern bei Prachatitz, 700 m hoch gelegen, mit Bauernhäusern in alpiner Bauart, deren Dächer mit Schindeln gedeckt und großen Steinen beschwert waren. Holzindustrie. (Karte von 1906).

Winterberg bei Prachatitz (Gesamtansicht von 1909) erhielt 1484 Stadtrecht. Winterberg ist durch die Druckerei Steinbrenner, die Kalender und Gebetbücher verlegte, bekannt geworden. Der älteste Kalender Böhmens wurde in Winterberg 1484 gedruckt.

Reichenberg, Gewerbemuseum (Ansichtskarte von 1910). Reichenberg wird 1352 als Reychenberch erwähnt. Das Gebäude für das 1873 gegründete Gewerbemuseum wurde 1897 errichtet. Hierher wurde der Turm des alten Rathauses übertragen.

Reichenberg, Neues Rathaus, erbaut 1893 im Neugotischen Stil nach Wiener Vorbild. Der Altstädter Platz zeigt links das bekannte Hotel und Café Schienhof. Am Platz selbst wurde 1927 der Prometheus-Brunnen von Franz Metzner aufgestellt, nach 1945 von den Tschechen abgetragen.

Reichenberg, Stadttheater und Postgebäude. Das Theater wurde mit Hilfe großer Bürgerspenden 1883 erbaut. Die Stadt besaß zahlreiche kulturelle Einrichtungen, Verlage, Druckereien, Büchereien und Sammlungen.

Reichenberg, Liebighöhe. Am Theodorplatz in dem Wohnviertel, das der aus Braunau stammende Großindustrielle Liebig errichtet hatte, befand sich der Gasthof »Zur Stadt Braunau«, den der Volkssänger J. Grasmuck führte.

Reichenberg, Jeschken-Rodelbahn. Der Hausberg der Reichenberger war der 1010 m hohe Jeschken. Die Rodelbahn (Ansichtskarte von 1916) war 3300 m lang, hatte auf vierhundert Metern 15 % Gefälle, 24 Kurven und war mit einem elektrischen Zeitnehmer ausgerüste.

Reichenberg-Jaberlich. Am Kammweg vom Jeschken zur Schwarzbrunn-Warte (Bahnstation Liebenau) war die faßartige Gaststätte als Kuriosum errichtet worden. (14 m lang, 12 m breit und 12 m hoch, faßte 400 Personen).

Rumburg, Markt. Das randseitig gelegene Rumburg war Mittelpunkt des Niederlandes im nordöstlichen Zipfel Böhmens, Standort vieler, verschiedener Industrien, wobei Leinenerzeugung und Teppichherstellung Schwerpunkte bildeten.

Saaz. Die alte Stadt Saaz, 1088 urkundlich erwähnt, war im 13. Jahrhundert Stadt geworden. Kulturell wurde Saaz durch die Dichtung »Der Ackermann aus Böhmen«, wirtschaftlich durch Hopfenhandel berühmt.

Saaz, Ringplatz. Die alten Kaufmannshäuser zeugen wie das Rathaus vom Wohlstand und Fleiß seiner Bürger. Saaz besaß ein eigenes Stadttheater.

St. Joachimsthal im Erzgebirge wurde als Radium-Heilbad bekannt. Es wurde 1516 gegründet, die Silbertaler (Dollar) führen ihren Namen nach dieser Bergstadt.

Keilberg bei St. Joachimsthal. Die höchste Erhebung im Erzgebirge, der Keilberg, lag 1245 m über dem Meere. Der Aussichtsturm führte den Namen nach Kaiser Franz Josef. Die schneeverhüllten Bäume vermitteln ein Bild von der Härte der Erzgebirgswinter.

Gottesgab bei St. Joachimsthal. Die von Sachsen aus begründete Bergstadt wurde 1547 an Böhmen abgetreten. Der Ort war in 1028 m Seehöhe die höchst gelegene Stadt Mitteleuropas. Von hier stammt der Volkssänger Anton Günther (»Feierabendlied«).

Tachau. Aus einer alten Grenzburg im nördlichen Böhmerwald (Chodengau) entwickelte sich diese Siedlung zur Stadt, erstmalig 1285 erwähnt (Ansichtskarte aus dem Jahre 1912).

Teplitz-Schönau. Die Stadt entstand durch Zusammenschluß von Teplitz und Bad Schönau. 1156 wurde hier ein Kloster von Benediktinerinnen gegründet. Die warmen Heilquellen waren schon frühzeitig bekannt.

Teplitz-Schönau, Schloßplatz mit Dreifaltigkeitssäule. Die barocke Dreifaltigkeitssäule ist ein Werk von Mathias Braun. Das Schloß war zuletzt im Besitz der Familie von Clary-Aldringen. Teplitz-Schönau hatte ein großes Stadttheater, die Begegnung Goethes mit Beethoven war von kulturgeschichtlicher Bedeutung.

Tetschen a. d. Elbe, Schloß. Am Burgfelsen entstand im 11. Jahrhundert eine Siedlung, die sich zu einem Markt und Stadt entwickelte. Das zuletzt im Thunschen Besitz befindliche Schloß überragt den Elbstrom, der von den Schiffen der Bömisch-Sächsischen Dampfschiffahrtsgesellschaft befahren wird. (Ansichtskarte von 1904).

Schäferwand mit Weiher. Gegenüber von Tetschen durch eine Kettenbrücke mit der Industriestadt Bodenbach verbunden, liegt das beliebte Ausflugsziel Schäferwand, die einen großartigen Blick auf die Landschaft und den hohen Schneeberg ermöglichte.

Prebischtor. Im Durchbruchsgebiet der Elbe durch die sogenannte Böhmische Schweiz (porta bohemica) liegt das vielbesuchte, aus Sandsteinfelsen gebildete Prebischtor, das wie Edmundsklamm und Herrnskretschen sehenswert war.

Trautenau. Bezirksstadt am Fuße des Riesengebirges, unter Ottokar II. von Deutschen gegründet, unter König Johann im 14. Jahrhundert Stadt. Am Markt, von Laubenhäusern umgeben, stand eine Dreifaltigkeitssäule, sowie ein Rübezahlbrunnen.

Die Hauptstadt Böhmens Prag verlor im 19. Jahrhundert ihre deutsche Mehrheit. An der Prager Universität und an der Deutschen Technischen Hochschule studierten die meisten Deutschböhmen. Von deutscher Vergangenheit reden die Bauten (saxa loquuntur) dieser geschichtsgesättigten Stadt.